www.ingramcontent.com/pod-product-compliance
Lightning Source LLC
LaVergne TN
LVHW051010051026
849532LV00005B/1884
9789358726299

پیاس کا قصہ دریا دریا

(غزلیں)

کاظم جرولی

© Kazim Jarwali
Pyaas ka Qissa Dariya Dariya (Ghazals)
by: Kazim Jarwali
Edition: May '2024
Publisher :
Taemeer Publications LLC (Michigan, USA / Hyderabad, India)

ISBN 978-93-5872-629-9

کتاب	:	**پیاس کا قصہ دریا دریا** (غزلیں)
مصنف	:	**کاظم جرولی**
پروف ریڈنگ / تدوین	:	اعجاز عبید
صنف	:	شاعری
ناشر	:	تعمیر پبلی کیشنز (حیدرآباد، انڈیا)
سالِ اشاعت	:	۲۰۲۴ء
صفحات	:	۳۸
سرورق ڈیزائن	:	تعمیر ویب ڈیزائن

میں لاکھ سچ تھا، مگر سچ پہ دھیان دیتا کون
بکی ہوئی تھیں زبانیں بیان دیتا کون

جب آندھیوں نے کیا تھا ہمارے گھر کا سفر
سبھی تھے محو تماشا اذان دیتا کون

نہ رنگتا اپنا ہی چہرہ تو اور کیا کرتا
ہمارے خون کو کاظم امان دیتا کون

***

اگر میں آسمانوں کی خبر رکھتا نہیں ہوتا
غبارِ پائے گیتی میرا سرمایہ نہیں ہوتا

عروجِ آدمیت ہے مزاجِ خاکساری میں
کبھی مٹّی کا دامن دھول سے میلا نہیں ہوتا

اگر ہم چپ رہے تو چیخنے لگتی ہے خاموشی
کسی صورت ہمارے گھر میں سناٹا نہیں ہوتا

میں ایک بھٹکا ہوا ادنیٰ مسافر، اور وہ سورج ہے
میرے سائے سے اس کے قد کا اندازہ نہیں ہوتا

حیاتِ نو عطا ہوگی، ہمیں بے سر تو ہونے دو
بہار آنے سے پہلے شاخ پر پتّہ نہیں ہوتا

ہماری تشنگی صحراؤں تک محدود رہ جاتی
ہمارے پاؤں کے نیچے اگر دریا نہیں ہوتا

سفر کی ساعتیں آتی تو ہیں گھر تک مگر کاظم
کبھی ہم خود نہیں ہوتے، کبھی رستہ نہیں ہوتا

***

جب بھی قصہ اپنا پڑھنا
پہلے چہرہ چہرہ پڑھنا

تنہائی کی دھوپ میں تم بھی
بیٹھ کے اپنا سایہ پڑھنا

آوازوں کے شہر میں رہ کر
سیکھ گیا ہوں لہجہ پڑھنا

ہر کونپل کا حال لکھا ہے
شاخ کا پیلا پتّہ پڑھنا

بھیج کے نامے یاد دلا دو
بھول گیا ہوں لکھنا پڑھنا

لوگو میری پیاس کا قصہ
صدیوں دریا دریا پڑھنا

دیواروں پر کچھ لکھا ہے
تم بھی اپنا کوچہ پڑھنا

ہجر کی شب میں نم آنکھوں سے

دھندلا دھندلا سپنا پڑھنا
ماضی کا آئینہ رکھ کر
خود کو تھوڑا تھوڑا پڑھنا
میں ہوں سنگ میل کی صورت
مجھ سے میرا رستہ پڑھنا
زیست کا مطلب کیا ہے کاظم
اپنا اپنا لکھنا پڑھنا

***

سیر ہے اوس کی بوندوں سے سویرا کتنا
بہہ گیا رات کی آنکھوں سے اجالا کتنا

اپنے دشمن کی تباہی پہ میں رویا کتنا
منفرد ہے میرے احساس کا لہجہ کتنا

دھوپ مقتل میں کھڑی پوچھ رہی ہے مجھ سے
ہے ترے جسم کی دیوار میں سایہ کتنا

ہیں جدھر تیز ہوائیں وہ ادھر جاتا ہے
ہے اسے اپنے چراغوں پہ بھروسہ کتنا

اب مری پیاس سمندر سے کہیں آگے ہے
آزمائے گا مرا ظرف یہ دریا کتنا

جب ٹپکتا ہے، زمیں عرش نظر آتی ہے
انقلابی ہے مرے خون کا قطرہ کتنا

اپنی تنہائی اسے بھیڑ نظر آتی ہے
آج وہ شخص ہے دنیا میں اکیلا کتنا

غور سے دیکھو بتا دیتے ہیں چہرے کاظم
کس میں ہے درد چھپانے کا سلیقہ کتنا

***

جب شام ہوئی اپنے دیے ہم نے جلائے
سورج کا اجالا کبھی شب تک نہیں پہنچا
جس پھول میں خوشبو تھی ادھر سر کو جھکایا
ہر پھول کے میں نام و نسب تک نہیں پہنچا

***

ابھی اور گرم سفر رہو، وہیں فقرِ تشنہ لباں رکے
جہاں زندگی کا قیام ہو، جہاں رختِ ابرِ رواں رکے

کہاں کتنی شاخیں اجڑ گئیں، کہاں کتنے گل ہوئے بے صدا
میں شجر شجر کا حساب لوں ، ذرا جورِ قہرِ خزاں رکے

گلے تیغ تند سے جوڑ دو، رگیں اپنی اپنی نچوڑ دو
جو چلی ہے دامنِ دشت سے، نہ وہ جوئے خونِ رواں رکے

کبھی لمحہ بھر ترے سامنے، اے سکوتِ کاظمِ بے نوا
نہ سفیرِ اہل زباں رکے، نہ خطیبِ شعلہ بیاں رکے

***

خونِ دل سے یہ زمینِ شوق نم رکھے گا کون
ہم نہیں ہوں گے، تو کاغذ پر قلم رکھے گا کون

یہ دعا مانگو سبھی اہل جنوں زندہ رہیں
ورنہ صحراؤں کے کانٹوں پر قدم رکھے گا کون

ہم سے دیوانوں کا جینا کیا ہے اور مرنا بھی کیا
جب اٹھیں گے ہم، یہاں پرچم کو خم رکھے گا کون

میرا سایہ تک نہیں تم کو گوارا ہے اگر
راستو میرے نشاناتِ قدم رکھے گا کون

جن کے ہاتھوں کی لکیریں تک نہیں باقی بچیں
ان کے سر پر شہر میں دستِ کرم رکھے گا کون

رہ چکی ہے روشنی جن کی صنم خانوں میں قید
ان چراغوں کو سرِ طاق حرم رکھے گا کون

آج ہی معبود کر دے میرے سجدوں کا حساب
تا قیامت اپنی پیشانی کو خم رکھے گا کون

اب یہی بہتر ہے کاظم چھوڑ دے مجھ کو حیات
یہ خیالِ میزبانی دم بہ دم رکھے گا کون

✻✻✻

فضائے شہر کی نبضِ خرام بیٹھ گئی
فصیلِ شب پہ دیے لے کے شام بیٹھ گئی

وہ دھول جس کو ہٹایا تھا اپنے چہرے سے
وہ آئنوں پہ پئے انتقام بیٹھ گئی

گزرنے والا ہے کیا روشنی کا شہزادہ
جو بال کھول کے رستے میں شام بیٹھ گئی

میں کس نشیب میں تیرا لہو تلاش کروں
تمام دشت پہ خاکِ قیام بیٹھ گئی

بہت طویل سفر کا تھا عزم اے کاظم
حیات چل کے مگر چند گام بیٹھ گئی

***

پرندہ اپنے ہی پر کاٹتا ہے
ان آنکھوں کو یہ منظر کاٹتا ہے

سڑک پر جی نہیں لگتا ہے میرا
میں گھر جاتا ہوں تو گھر کاٹتا ہے

وہ دیوانہ بہت ہوشیار نکلا
وہ آئینے سے پتھر کاٹتا ہے

مجھے کانٹوں پہ ہے سونے کی عادت
مجھے پھولوں کا بستر کاٹتا ہے

جواں ہوتا ہے جب عشق مقدس
رگِ گردن سے خنجر کاٹتا ہے

عبث بدنام ہو جاتے ہیں دریا
کنارے تو سمندر کاٹتا ہے

ہے کاظم کون جو آب رواں پر
لہو سے پیاس لکھ کر کاٹتا ہے

***

مفلسی میں بھی یہاں خود کو سنبھالے رکھنا
جیب خالی ہو مگر ہاتھوں کو ڈالے رکھنا

روز یہ کھال ہتھیلی سے اتر جاتی ہے
اتنا آسان نہیں منہ میں نوالے رکھنا

گاؤں پوچھے گا کہ تم شہر سے کیا لائے ہو
میرے معبود سلامت میرے چھالے رکھنا

زندگی تو نے عجب کام لیا ہے مجھ سے
زرد پتوں کو ہواؤں میں سنبھالے رکھنا

جب بھی سچ بات زباں پر کبھی لانا کاظم
ذہن میں اپنے کتابوں کے حوالے رکھنا

***

سلام

کمان ظلم وہ دستِ خطا سے ملتی ہے
گلے وہ پھول کی خوشبو ہوا سے ملتی ہے

بکھر رہی ہے فضا میں اذان کی شبنم
وہ روحِ لحنِ محمد صبا سے ملتی ہے

سمندروں کو سکھا دے جو حدت لب سے
ہمیں وہ تشنہ لبی نینوا سے ملتی ہے

وفا کے دشت میں قاسم کو دیکھ لو سرور
فصیل جسم تمہاری قبا سے ملتی ہے

چراغ صبر کو تنویر بانٹنے کے لئے
بس ایک رات کی مہلت جفا سے ملتی ہے

بس اک وفا کی مہک ہے جو چند پیاسوں کو
فرات تیرے کنارے ہوا سے ملتی ہے

کہا حسین نے مجھ کو چھپا لیا اماں
یہ ریت کتنی تمہاری ردا سے ملتی ہے

٭٭٭

پتہ نہیں ہے اجالوں کو وسعتِ شب کا
تہہِ چراغ بھی قبضہ ہے ظلمتِ شب کا

گلو میں سر کو چھپائے سسک رہی ہے ہوا
سحر کے ہاتھ میں دامن ہے رخصتِ شب کا

یہ کہکشاں ہے غبارِ سفر کا آئینہ
یہ چاند نقشِ کفِ پا ہے ہجرتِ شب کا

بتا رہے ہیں کسی کے کھلے ہوئے گیسو
ہوا کی زد پہ خزانہ ہے نکہتِ شب کا

ٹھہر کے اوس کی بوندیں شجر کے پتوں پر
علاج ڈھونڈ رہی ہیں حرارتِ شب کا

تھکا تھکا سا اجالا ڈری ڈری آنکھیں
بہت عجیب ہے منظر تلاوتِ شب کا

وہ ایک اشک جو کاظم ہے تا سحر باقی
وہی چراغ مجاور ہے تربتِ شب کا

***

میں نے ابھی تو دور سے دیکھا ہے تیرا گاؤں
لگتا ہے میرے شہر سے اچھا ہے تیرا گاؤں

دن رات کوئی ذکر وہیں کا کیا کرے
میرے لئے تو شام سویرا ہے تیرا گاؤں

بس تو ہے، اور تیرے ہی جلوے ہیں چار سو
تو چاند ہے تو چاند کا ہالا ہے تیرا گاؤں

اچھا اگر لگے تو یہی کر کے دیکھ لے
یہ شہر میرا تیرا ہے، میرا ہے تیرا گاؤں

کچھ بھی نہیں پسند ترے گاؤں کے سوا
میرے لئے تو سارا زمانہ ہے تیرا گاؤں

جی چاہتا ہے عمر اسی میں گزار دوں
سارا جہان دھوپ ہے سایہ ہے تیرا گاؤں

سانسوں میں ہے عجیب سی خوشبو بسی ہوئی
کچھ دن سے میرے دل میں دھڑکتا ہے تیرا گاؤں

کاظم جو، تو کہے تو وہیں آ کے بس رہوں
میرے دل و دماغ پہ چھایا ہے تیرا گاؤں

***

ابھی تک بے زمین و آسماں ہوں
میں اک ٹوٹے ستارے کی فغاں ہوں

حدِ امکان میں جب تو ہی تو ہے
مجھے اتنا بتا دے میں کہاں ہوں

مرے اشعار میرا قافلہ ہیں
میں خود اپنی زمینوں پر رواں ہوں

میں انساں ہوں، محبت میرا مسلک
میں سازِ دیر ہوں، سوزِ اذاں ہوں

مرے احباب دریا پھول جھرنے
میں جن کا ہوں انہی کے درمیاں ہوں

شجر ہوں حال کا اپنے میں اب بھی
نہ شاخِ نو نہ برگِ رفتگاں ہوں

سحر کو جو چہکتے ہیں پرندے
یہ میرے، اور میں ان کا راز داں ہوں

شب غم کا تصور ہے وہیں تک

جہاں تک میں شریکِ داستاں ہوں
مرے شعروں میں ہے تھوڑی سی اردو
میں کاظم اس لئے شیریں بیاں ہوں

***

سوچتا ہوں کہ کس سے بات کروں
سامنے ہیں ہزار تصویریں
مطمئن کچھ ہیں اپنے چہروں سے
اور کچھ بے قرار تصویریں

***

دوہے

یہ تو وقت بتائے گا کس کا گہرا وار
ایک جانب تلوار ہے ایک جانب کردار

***

گر سر کو مل جائے گی تیرے در کی دھول
انگارے بن جائیں گے پاؤں کے نیچے پھول

***

ایک یہی بس آئے گا روزِ محشر کام
پایا ہے جو پانچ سے مٹھی بھر اسلام

***

اک آنسو کردار کی میلی چادر دھوئے
جس کو جنت چاہئیے مجلس میں وہ روئے

***

یہ ہم کو معلوم ہے یہ ہم کو ہے یاد
جتنا اس کو روئیں گے اتنے ہوں گے شاد

***

لیتا ہے انگڑائیاں جینے کا احساس
ہر مشکل کا توڑ ہے اک نامِ عباس

***

بدلہ ہے عاشور کو جیون کا ہر روپ
کڑوی کڑوی چھاؤں ہے میٹھی میٹھی دھوپ

***

میں نے تیری راہ میں لیں یوں آنکھیں موند
روزے کی دہلیز پر جیسے موم کی بوند

***

بڑے ہنر سے سمیٹے ہیں در بدر کے نقوش
بجائے پاؤں کے چہرے پہ ہیں سفر کے نقوش

یہ عہد نو کے تقاضے، یہ کچھ تھکی رسمیں
نئے مکان میں جیسے پرانے گھر کے نقوش

ہمارے فن کہ کہی بھی نہیں ہے گنجائش
ورق ورق ہے کسی صاحبِ ہنر کے نقوش

٭٭٭

ایک نور سا ہوتا ہے منور مرے اندر
کھلتا ہے صحیفہ کوئی اکثر مرے اندر

دنیا کا سفر کرتا ہوں میں خود سے نکل کر
تنہائی میں کھلتے ہیں نئے در مرے اندر

دریاؤں کے پانی سے میں مرعوب نہیں ہوں
پہلے سے ہے موجود سمندر مرے اندر

کاظم میں ہمیشہ سے اسی کا ہوں مقلد
تبلیغ کناں ہے جو پیمبر میرے اندر

***

ہوا میں زہر گھلا ہے مگر میں زندہ ہوں
ہر ایک سانس سزا ہے مگر میں زندہ ہوں
کسی کو ڈھونڈتی رہتی ہیں پتلیاں میری
بدن سے روح جدا ہے مگر میں زندہ ہوں
مرے ہی خون سے رنگیں ہے دامنِ قاتل
مرا ہی قتل ہوا ہے مگر میں زندہ ہوں

***

مجھے معلوم ہے مجھ کو پتہ ہے
یہ سناٹا تیری آوازِ پا ہے
چمن میں ہر طرف چرچے ہیں تیرے
ترا ہی نام پتوں پر لکھا ہے
مجھے آواز دیتی ہے سحر کیوں
پرندہ کس لئے نغمہ سرا ہے
یہ اب کیسی ہے دل کو بیقراری
چمن ہے ابر ہے ٹھنڈی ہوا ہے
یہاں پتھر ہوا ہے کوئی چہرہ
یہاں اک آئینہ ٹوٹا پڑا ہے
سبھی انساں ہیں بس اتنا سمجھ لو
ضروری ہے کہ پوچھو کون کیا ہے
سدا یہ معرکہ چلتا رہے گا
نہ شب ہاری نہ یہ سورج تھکا ہے
یہی کاظم ہے راز انکساری
مرے اندر کوئی مجھ سے بڑا ہے

***

سرابوں سے نوازا جا رہا ہوں
امیر دشت بنتا جا رہا ہوں

میں خوشبو ہوں یہ دنیا جانتی ہے
مگر پھر بھی چھپایا جا رہا ہوں

زمانہ مجھ کو سمجھے یا نہ سمجھے
میں ایک دن ہوں، جو گزرا جا رہا ہوں

میرے باہر فصیلِ آہنی ہے
مگر اندر سے ٹوٹا جا رہا ہوں

مرے دریا، ہمیشہ یاد رکھنا
ترے ساحل سے پیاسا جا رہا ہوں

تم اب تھکتی ہوئی نظریں جھکا لو
بلندی سے میں اترا جا رہا ہوں

***

یاں زندگی کے نقش مٹاتی ہے زندگی
یاں اب چراغ پیتا ہے خود اپنی روشنی

انساں کا بوجھ سینۂ گیتی پہ بار ہے
ہر وقت آدمی سے لرزتا ہے آدمی

ریت اڑ رہی ہے سوکھے سمندر کی گود میں
انسان خون پی کے بجھاتا ہے تشنگی

وہ دور آ گیا ہے کہ افسوس اب یہاں
مفہوم انکسار کا ہوتا ہے بزدلی

پیدا ہوئے وہ ظرف کے خالی سخن نواز
علم و ادب کی ہو گئی دیوار کھوکھلی

پگھلا رہی ہے برف محبت کا چار سو
نفرت کی آگ جسموں کے اندر چھپی ہوئی

رنگینیاں چھپی ہیں دلِ سنگ سنگ میں
ہونٹوں پہ پھول بن کے ٹپکتی ہے سادگی

ڈھا دے گی برف بن کے حقیقت کی ایک بوند

کتنے دنوں ٹکے گی عمارت فریب کی
شکوے جہاں کے بھول گیا ذہن دیکھ کر
کاظم شجر کی شاخ پہ ہنستی ہوئی کلی

***

کوئی بھی لفظ مرا جیسے معتبر ہی نہیں
مری صدا کا کسی پر کوئی اثر ہی نہیں

یہ منزلیں بھی اسی کو صدائیں دیتی ہیں
وہ شخص جس کو کوئی خواہشِ سفر ہی نہیں

ترے وجود سے انکار تیرے ہوتے ہوئے
پتہ ہے سب کا تجھے اپنی کچھ خبر ہی نہیں

مرے بھی نقش قدم ہیں خلاؤں میں تحریر
یہ عرش صرف ستاروں کی رہگزر ہی نہیں

یہ سنگ و خشت ہیں بے چشم ناظریں میرے
مرے گواہ فقط صاحب نظر ہی نہیں

گزر رہا ہوں میں کتنی عجیب راہوں سے
سوائے میرے مرا کوئی ہمسفر ہی نہیں

***

سلام

خود اپنے خون کا سایہ بھی دوپہر بھی حسین
شہادتوں کا مسافر بھی اور شجر بھی حسین

قیامِ صبر بھی، اور صبر کا سفر بھی حسین
خود اپنے صبر کی منزل بھی، رہگزر بھی حسین

سماعتوں میں رسولوں کی گونجتا اعلان
خبیرِ کلمۂ توحید بھی، خبر بھی حسین

حسین بادِ محمد بھی قائم و باقی
وجودِ حضرت آدم سے پیش تر بھی حسین

وہی چراغ، چراغوں کی روشنی بھی وہی
حیات نوعِ بشر بھی، حیات گر بھی حسین

محال بھی ہے اسی شخص کے لئے ممکن
بشیر غیب بھی، اور پیکر بشر بھی حسین

بڑا حسین سلیقہ ہے جان دینے کا

کمالِ عشق بھی، اور عشق کا ہنر بھی حسین
صدائے حرف وہی ہے، وہی جوابِ صدا
پیمبروں کی دعائیں بھی، اور اثر بھی حسین
بکائے روح اسی کے حصارِ نفس میں ہے
شہادتوں کا مدینہ بھی، اور در بھی حسین

***

اپنا دل اب اپنے دل کے اندر لگتا ہے
ہم کو منظر سے اچھا پس منظر لگتا ہے

بن ٹھہرے چلتے رہتے ہیں ہاتھ، مگر پھر بھی
رات کی روٹی تک آنے میں دن بھر لگتا ہے

اینٹوں اور گارے سے جن کا رشتہ کوئی نہیں
ان کے نام کا دیواروں پر پتھر لگتا ہے

جیسے کچھ ہونے والا ہے تھوڑی دیر کے بعد
شہر میں اب راتوں کو ایسا اکثر لگتا ہے

ان بوڑھے بچوں کو، لوری دے کر کون سلائے
رات کو جن کا گھر کے باہر، بستر لگتا ہے

باتیں گرم کرو تم لیکن، ٹھنڈے لہجے میں
اونی کپڑوں میں ریشم کا استر لگتا ہے

اس کو اپنے سائے میں رکھے، کیسے کوئی پیڑ
جس کو اپنی پرچھائیں سے بھی ڈر لگتا ہے

ان چاندی سونے والوں سے کاظم دور رہو
ان کی قبروں پر بھی مہنگا پتھر لگتا ہے

***

لہو میں غرق ادھوری کہانیاں نکلیں
بدن سے ٹوٹی ہوئی سرخ چوڑیاں نکلیں

میں جس زمین پہ صدیوں پھرا کیا تنہا
اسی زمین سے کتنی ہی بستیاں نکلیں

جہاں محال تھا پانی کا ایک قطرہ بھی
وہاں سے ٹوٹی ہوئی چند کشتیاں نکلیں

مسل دیا تھا سرِ شام ایک جگنو کو
تمام رات خیالوں سے بجلیاں نکلیں

چرا لیا تھا حویلی کا ایک چھپا منظر
اسی گناہ پر آنکھوں سے پتلیاں نکلیں

وہ اک چراغ جلا، اور وہ روشنی پھیلی
وہ راہ زنی کے ارادے سے آندھیاں نکلی

خدا کا شکر کہ اس عہدِ بے لباسی میں
یہ کم نہیں کہ درختوں میں پتیاں نکلیں

وہ بچ سکی نہ کبھی بو الہوس پرندوں سے

حصارِ آب سے باہر جو مچھلیاں نکلیں
یہی ہے قصرِ محبت کی داستاں کاظم
گری فصیل تو انساں کی ہڈیاں نکلیں

***

اتنی ہی زندگی ہے عزیزو شباب میں
رہتی ہے جتنی دیر یہ شبنم گلاب میں

وہ کون شخص تھا جو مجھے دے کے سو گیا
بوڑھی پلک کے بال پرانی کتاب میں

دنیا اسے بھی ماننے لگتی ہے شہ سوار
جس نے کبھی بھی پاؤں نہ رکھا رکاب میں

آگے کبھی نہ بڑھتا درختوں کا سلسلہ
قدرت گلوں کا حسن جو رکھتی حجاب میں

ہم نے خود اپنی ذات میں محسوس کر لیا
دنیا خدا کو ڈھونڈھ رہی ہے کتاب میں

میں نے وہی کیا ہے جو دل کو بھلا لگا
کاظم پڑا نہیں میں گناہ و ثواب میں

***

منفرد غزلوں کا ایک اور مجموعہ

پھول غزلیں

مصنف : عبداللہ جاوید

بین الاقوامی ایڈیشن جلد منظر عام پر آرہا ہے